JN441215

커피시인 윤보영이 만난 박규홍 대표이사

꿈을 경영한 사람

꿈을 경영한 사람

펴낸날 초판 1쇄 2025년 12월 20일

지은이 윤보영
펴낸이 서용순
펴낸곳 이지출판

출판등록 1997년 9월 10일
등록번호 제300-2005-156호
주소 03131 서울시 종로구 율곡로6길 36 월드오피스텔 903호
대표전화 02-743-7661 팩스 02-743-7621
이메일 easy7661@naver.com
인쇄 ICAN
물류 (주)비앤북스

값 13,000원

ISBN 979-11-5555-275-9 03810

커피시인 윤보영이 만난 박규홍 대표이사

꿈을 경영한 사람

이지출판

● 감사의 글

깜짝 놀랐습니다. ‘커피시인’으로 널리 알려진 윤보영 시인님이 제 삶을 담아 자전적 시집을 엮고 싶다고 했을 때, 선뜻 믿기 어려웠습니다. 처음에는 사양했지만, “대표이사님의 삶이 동시대를 살아가는 이들의 정체성을 일깨우고, 특히 방황하는 청소년들에게 삶의 목표를 세우는 계기가 될 수 있다”는 설득에 마음이 움직였고, 결국 허락하게 되었습니다.

그때부터 시인님과 마주 앉아 지난날의 이야기를 풀어내면서 또 다른 나를 만나는 뜻깊은 시간이었습니다. 이제는 웃으면서 말할 수 있는 이야기들이지만, 당시에는 피를 말리는 고통과 긴장의 연속이었지요. 그러나 도전정신과 신뢰로 맺어진 인연들이 있었기에 오늘의 제가 존재한다는 것을 알 수 있었습니다.

그래서 이 시집은 저를 돌아보게 하는 소중한 기회가 되었습니다. 늘 바쁘다는 핑계로 충분히 표현하지 못한 가족에 대한 사랑을 이제는 아내와 아들, 딸 그리고 며느리와 사위에게 전하며 살겠습니다. 또한 쉼 없이 앞만 보고 달려온 제 자신에게도 “수고했다”는 위로의 말을 건네고 싶습니다.

돌아보니 아름다운 삶은 가까이 있었습니다. 모든 것을 긍정적으로 바라보며 웃을 수 있는 마음, 그 속에 '행복'이란 이름으로 있었습니다. 그래서 저는 웃음을 담고 마음이 넉넉한 '부자', 신뢰로 맺어진 귀한 인연을 많이 가진 '진짜 부자'라는 사실을 알게 되었습니다. 앞으로도 아낌없이 나누며 살겠습니다.

끝으로, 늘 곁에서 든든한 버팀목이 되어 주신 인생 멘토 이달곤 장관님을 비롯한 여러 귀한 분들, 저처럼 열심히 살아온 동생 규태를 비롯한 형제자매, 그리고 제 삶을 시로 담아 준 윤보영 시인님과 시집을 발간해 주신 이지출판 서용순 대표님께 깊이 감사드립니다. 앞으로도 해야 할 일을 도전 위에 올려놓고 열심히 살아가겠습니다.

내 꿈이 있는 도시 과천에서
박규홍 ㈜에스아이티테크놀로지 대표이사

● 축하의 글

세상사 십수 년의 밀물과 썰물 속에서
일흔이 되어서야 그대 이름을 다시 부를 수 있게 되었네.

산책길, 생수 한 사발을 들이켜며 걷다가
박규홍, 그대를 만났네.

상주의 뿌리 깊은, 그리고 문경 사과나무!
돌이켜보면 그대가 태어난 상주의 토질은
참으로 좋은 듯하네.
그곳에서 곧게 뿌리 내린 것을 보니 짐작이 가네.

어머니를 모시는 그대 부부에게서
효의 토양이 어떤 것인지 새삼 알 수 있었네.
같은 뿌리의 가족들을
타향살이 질곡 속에서도 하나 외면하지 않았지.
모두를 건사하고
이 일 저 일 궂은일까지 도맡아 하면서
체면까지 세워 준 일은 아무나 할 수 없었네.

그것은 순후한 대지에 힘차게 뻗은 뿌리와,
그 위에 곧게 자란 신성의 기둥이 맺은 열매라고 여겨지네.

그대가 자란 문경에는
따스하고 아기자기한 햇살이 가득할 것 같네.
깊은 뿌리 위에서 자란 어린 시절은
훗날 비바람과 천둥을 이겨 내게 했고,
두터우면서 멀리 퍼져 나간 햇살은
충실한 열매와 수많은 잎사귀를 흩날리게 했겠지.

맨손으로 일군 일이 한둘이 아닌데도
재물에 눌리거나 유혹에 흔들리기보다
그대는 오히려 자유로움을 향해 담담히 맞서 나갔네.

봄에는 고운 꽃으로
여름에는 튼실한 열매로
받은 것을 더해 나누며,
온 가족이 흥을 담은 노래로
제각각 행복을 씨앗처럼 심은 삶은
다시 보니 축복이라 말할 수 있네.

아름다운 사과나무의 아픈 곳
더 깊은 곳에서 퍼져 나와
더 빛나는 열매를

마치 엷은 습자지로 덮어 고스란히 탁본해 낸
시인의 섬세한 눈길에도 감탄하네.

시인이여, 그대가 있어
도반의 삶이 더욱 빛깔을 얻었네.
남은 동행의 길,
아무나 할 수 있는
그런 허울뿐인 도반이 아니리라.

道伴 이달곤 서울대학교 명예교수

● 축하의 글

㈜에스아이티테크놀로지
박규홍 회장님!
당신은 칠십이 가까운 나이에도
청춘 못지않은 열정이 샘솟고
만나는 인연마다 신뢰를 바탕으로
우주처럼 넓은 네트워크에 담아
그 사람들 일상에 별을 심어 줍니다

그 별빛으로,
사람들이 저절로 웃을 수 있게
천진난만한 웃음을 먼저 보여 주시고
개그맨도 부럽게 만드는
순발력 넘치는 입담은
모두 당신과 함께하게 만듭니다

그 '함께'에 늘 나눔과 봉사
그리고 응원까지 담겼으니
사업은 당연히
순풍에 돛을 단 듯
번창하지 않을 수 없고

함께하는 우리도
따르지 않을 수 없습니다

그래서 더 멋진 회장님!
앞으로도 늘 건강하시고
지금처럼 천금 같은 미소를 담아
우리 곁에 귀감으로
오래 머물러 주시길 부탁드립니다.

우리에게
고마움을 선물해 주신 회장님!
존경합니다.

최성욱 (주)나이스피플 대표

• 축하의 글

세월 속에서 진심을 잃지 않은 사람,
그분의 이름 앞에 늘 따뜻한 미소가 따라옵니다.
박규홍 대표이사님은 가난했던 시절을 발판 삼아
도전과 신뢰의 인생을 일구어 낸,
참된 어른이십니다.

누구보다 부지런히 배우고,
누구보다 깊게 사람을 믿고,
그 믿음으로 세상을 연결해 오신 길은
저 같은 후배 교육자에게
큰 울림이자 배움의 본보기입니다.

저는 조카로서, 그리고 교육의 길을 걷는 후배로서
늘 대표이사님의 삶에서
'책이 아닌 사람으로부터 배우는 교육'을 봅니다.
그것은 곧 사람을 키우는 일이 세상을 바꾸는 일임을
조용히 증명해 오신 발자취입니다.

이 시집은 한 기업인의 기록을 넘어
한 시대를 살아낸 인생의 교과서이며,
청소년들에게는 '포기하지 않는 삶의 힘'을,

우리 교육자들에게는 '진심으로 가르치는 마음'을 일깨워 줄 것입니다.

존경하는 박규홍 대표이사님!
인생의 여정을 시로 엮어
우리에게 나눠 주셔서 감사합니다.
대표이사님의 삶이 곧 한 편의 시이며,
한 편의 수업입니다.

강수진 예원예술대학교 교수

● 시집을 내며

(주)에스아이티테크놀로지 박규홍 대표이사님은 미소가 참 아름다운 분입니다. 그 멋진 분의 삶을 시로 쓰게 된 것은 저에게도 큰 도전이었습니다. 아무리 성공한 삶이라 하더라도, 한 사람의 이야기를 온전히 시집에 담는다는 것은 쉽지 않은 일입니다. 그러나 워낙 적극적이면서도 베풀며 살아오신 분의 삶이라, 제가 먼저 자전적 시집을 제안하게 되었습니다.

누구에게나 닥칠 수 있는 시련과 고난을 창의적이고 적극적인 도전정신으로 극복해 내신 박규홍 대표이사님의 삶은, 특히 젊은이들에게 위기 앞에서도 포기하지 않고 당당하게 맞설 수 있는 자신감을 심어 줄 것이라 확신합니다. 그래서 글을 쓰는 내내 즐겁고 감사했습니다.

대표이사님과 이야기를 나누고, 기록을 확인하고, 주변 분들과 형제들의 증언도 글에 담았습니다. 그 과정에서 마치 제가 이야기 속 주인공이 된 것 같은 공감을 느꼈습니다. 그만큼 대표이사님의 삶은 제게도 큰 울림을 주었다는 뜻입니다.

박규홍 대표이사님은 어린 시절의 꿈을 이루었고, 그 꿈을 통해 얻은 지식과 경제적 여유를 나누며 성공적인 삶을 이어가고 있습니다. 그러나 그 삶이 시로 기록되는 것을 사양하셨으나, 마침내 시집으로 결실을 맺게 되었습니다. 들려주신 이야기를 그대로 시로 옮기기도 했고 제가 느낀 점을 시로 적은 부분도 있다는 것을 말씀드립니다.

성공한 삶 속에는 늘 숱한 이야기들이 가려져 있습니다. 그 이야기들이 오늘날 다른 사람들과 웃으며 나눌 수 있는 아름다운 삶으로 다시 태어날 수 있도록 도와주신 가족과 회사 동료들, 그리고 박규홍 대표이사님 주변의 많은 분들께 감사드립니다.

또한 이 책을 출판해 준 이지출판 서용순 대표님과 시집을 발간할 수 있도록 자료를 제공해 주신 강수진 교수님께 감사드리며, 편집을 도와준 윤보영감성시학교 권영조 실장과 이미경 시인에게도 고마운 마음 전합니다.

윤보영 커피시인

커피시인 윤보영이 만난 박규홍 대표이사

꿈을 경영한 사람

• 차례

제2부 열정으로 만난 시

제3부 이야기로 만난 시

제4부 느낌으로 만난 시

제1부 : 기억으로 만난 시

가은

초등학교 4학년 때
문경 가은으로 이사했다

솔직히 말하면
가은이 있었기에
오늘이 있다

중학교를 졸업하자
아버지 말씀대로
광업소 사환이 되었지만

탄광은
나의 꿈을 막지 못했다
나는 서울로 향했다

가은에서 키워 온
억척스러움과
성공하겠다는 굳은 결심이
주위 사람을 모두
나의 편으로 만들었다

돌아보니
아련한 삶이었다
그러나 아련함 속에도
언제나 나를 위한 빛이 있었다.

고향이 준 선물

고향 문경 가은에서
탄광 사환으로 일하며
인생 최고의 선물을 받았다

광부들 머리 위에 켜진
헤드램프 불빛 너머
거기서 만난 또 다른 세상

보고 있어도 보이지 않는
산 너머 그곳을 보았고
아니, 보았다기보다
볼 수 있는 힘을 얻었다

생각만 해도 그리운 고향
살아가는 길을 헤쳐 나갈 자신감
그 힘을 선물로 받았다.

어린 시절

꿈은
심을 곳이 없으면
자라지 못한다

가난한 가정
3남1녀 중 장남으로 태어나
꿈을 심을 수 있는
여건이 안 되었다

설령 심었다 해도
마음놓고 자랄
여건은 더욱 아니었다

그러나 나에게는
어려운 환경이 곧 여건이었고

그 여건을
잡지 않았다면
벌써 사라졌을 꿈이었다.

어머니

서울에서
직장에 다니는 아버지 대신
보따리 행상으로
살림을 이어 오신 어머니

그 삶에는
고달픔이 담겼지만
어린 4남매는
엄마 기다리는 아기새처럼
어려움 모르고 자랐다

한세월 흘러 돌아보니
아련히 밀려오는
죄송한 마음

고달픔을
잠시 내려 드리고 싶어
그리움을 열었지만
그곳에는 아쉬움만 가득했다

아, 어머니!

어머니 사진

지금도
어머니 사진을 보면
믿어지지 않습니다

저 여린
여인의 몸에서
4남매를 배불리 먹이겠다는
그 강한 힘이
어떻게 나왔을까요?

어머니 언덕

"어머니!
서울로 가야겠어요."

"그렇게 마음먹었으면
가야지!"

아버지 반대까지
책임지겠다는
중학교 3학년의 눈빛!
그 답은
어머니에게 있었다

그래서
힘들 때마다 기댄 언덕은
늘 어머니였다.

꿈

'박규홍(朴圭洪)'
가만히 들여다보니
이름 속에
가능성이 담겨 있다

가난한 집에 태어나
스스로 꿈을 찾아냈고
더 열심히 일했다

앞으로만 달리다
우연히 돌아보니
가슴에 담긴 꿈이
여기까지 데리고 왔다

아직은
더 키워야 할 꿈!
그 꿈을 품다니,
자랑스럽다.

변화

자동차용 고무 패킹 공장
변압기 회사
케이블 공장…

더 나은 곳을 향한
변화는
늘 나의 재산이었다

배움을 향한 열망
더 나은 삶을 위한 확신은
끊임없이 자신에게 던지는
질문으로 이어졌다

"나는 누구일까?"

그 질문은
지금까지 이어졌고
그때마다 찾은 답은
늘 '변화'였다.

공군 기술병 입대

남자라면
누구나 가야 하는 군대
공군 기술병으로 가고 싶었다

낮에는 일하고
밤에는 냉동기술을 배운 시간

공군에 입대해
제주, 강릉을 거쳐
청주비행장에서
더 넓은 세상을 향해
꿈을 펼쳤다

그 꿈!
반도체를 넘어
지금도
우주를 향해 날아가고 있는 중!

기둥

내게는
특별한 기둥이 있다

넘어질 때마다
손을 내밀어 주는 기둥

가족에게
천금 같은 선물

내 아내
김복숙!

무기

일상 속
내 무기는 무엇일까?

신뢰, 부모, 고향
이건
누구에게나 있다

하지만
내 무기는 다르다
하루에 백 번도 넘게
웃는 미소!

늦게서야 알았다
내 미소가
사람들에게
무한 신뢰를 준다는 사실

고맙다,
더 자주 웃어야겠다.

장남

중학교를 졸업하고
문경을 떠나던 날
어머니와 눈빛으로 약속했다
"성공해서 동생들을 돌볼게요."

사실 지나쳐도 되는 일이었다
내가 성공하는 데
동생들이 도와준 것도 아니고
부모도 아닌데

그러나 알고 있다
약속은 지키기 위해 하는 것
동생들은 사랑을 나눠야 할 가족

명절이면 동생 등록금을 어머니께 건넸고
일자리를 마련했고
함께 살기도 했다

어머니와 한 약속
동생들이 독립했어도
나는 여전히 지키고 싶다.

여동생 박미경

늘 미안한
여동생이 있다

내가 결혼할 때
선뜻, 자기 집
방 한 칸을 내어 주며
함께 살자고 했고

부모님을
아들보다 더 아들처럼 모셨던
여동생

그 고마움은
평생을 헤아려도
끝이 없을 것 같다

"고맙다, 박미경!
살아가면서 두고두고 갚을게."

규태 동생

규태 동생을 떠올리면
고마운 마음이 먼저 든다

어려운 형편에
스스로 학비를 해결하며
학교를 다닌 동생

온라인 송금이 없던
80년대 초
명절을 앞두고 그동안 모은 돈을
고향 어머니께 내놓았다

"동생 학비에 보태 달라"며
신문지에 싼 돈
턱없이 부족했을 그 돈

기대처럼 대학을 졸업했고
사업 초에
우리 회사에 입사시켜
기틀을 잡아 주었다

하지만
나름 꿈을 안고
우리 회사와 같은 업종으로
독립했을 때
서운한 마음이 앞서기도 했다

한동안 서먹했지만
피를 나눈 동생 사업이
성공하니 자랑스럽다

세월이 흐른 뒤에
돌아보니
그때 일 미안했다
사과한다

규태 동생!
우리 더 자주 만나며
건강하게 살자
사랑한다.

막냇동생 규환

막냇동생은
보물이다

처음 시작한
저항공장에 들어왔다가
저항공장을 인수해
지금까지 잘 운영하는
믿음직한 동생

막내를 생각하면
좀 더 잘해 주지 못한 내가
스스로 서운하고

그럼에도
꿋꿋하게 잘 해내는 모습이
자랑스럽다

막냇동생 박규환!
사랑한다.

딸 박정혜

딸은
아내를 닮아
노래를 잘한다
가수 활동까지 했다

JQ가 높다고
스스로 말한 것처럼
나를 닮아 사회성도 좋다

고등학교 시절
하늘이 맺어 준 사람
윤영일과 결혼해
사위 직장 따라
외국에서 살고 있다

보고 싶어도
자주 볼 수 없어 아쉽지만

천금 같은 우리 딸 박정혜!
잘 자라 줘서 고맙다
사위도 고맙다.

아들 박창훈

아들은
나의 믿음이고
큰 재산이다

지금은
회사 경영을 배우며
함께 근무하지만
영업을 어찌나 잘하는지
나조차 놀란다

멋진 신부를 만나
고민을 행복으로 만든 아들

이젠 아들을 믿고
대외 활동도 할 수 있다

멋진 아들 박창훈!
그리고
예쁜 며느리 김유진도
참 고맙다.

의자

사무실에서
가방을 들고 일어서다
문득 생각했다

'이 자리에
잠시 앉히고 싶은 사람은
누굴까?'

아내 얼굴이
떠올랐다

날 위해
가족을 위해
회사를 위해
평생을 희생해 준 아내

"여보, 참 고맙소!"

고마운 사람들

내 곁에는
가슴 따뜻한 사람들이 있다

집에는
평생 함께 살아온 아내가
회사에만 전념할 수 있게
도와주고

회사에는
창립 멤버
일등공신 윤경희 이사와
함께 근무하는 직원들이
따뜻한 눈길로 힘을 보탠다

아내와
가족이 고맙고,
직원들 모두 고맙다.

형님에게

나는 이제야 알았다.
육십다섯 해를 살아오도록
까맣게 몰랐던 형님의 지난 길을.
누구도 말해 주지 않았으니
그저 형님은 늘
묵묵히 앞서 걸어가는 분인 줄만 알았다.
나의 형, 圭洪!

형님은 중학교를 졸업하고,
어머니께만 조용히 말씀드린 채
홀로 家出을 하셨다 한다.
찢어지게 가난하던 시절
장남이라는 이름 앞에
특별한 책임감을 품으셨던 것이리라.

그 어린 나이에
무엇이 형을 그렇게 결심하게 했을까?
편안함보다는 고생을
안정보다는 도전을 선택한
형의 뒷모습을 떠올리니
나도 모르게 가슴이 먹먹해진다.

서울로 부모님을 모시고
동생들을 불러들여
같은 IT업계에서
자리를 잡게 해 주신 것도 형님이었다.
그 덕분에
우리 집안은 가난에서 벗어나
남부럽지 않은 삶을 누릴 수 있게 되었다.

지금 사 남매가 가까운 곳에 살며
어머니 돌아가신 뒤에도
우애 깊게 지낼 수 있는 것 또한
형님이 계셨기 때문이다

나 또한 형님 회사(선인테크놀로지)에서
십 년 가까이 배우고 익혀
내 사업을 시작했고,
이제는 26년째 그 길을 걷고 있다.

형님이 광통신, 오토모티브
국방사업과 우주항공 분야까지
사업을 전개할 수 있는 능력은

형님의 혜안과 탁월한 리더십,
사업 수완이 있었기에 가능했다.

형님은 자수성가도 그러려니와
면학에도 열정이 있어
전자통신 석사학위를 취득하셨고,
40년 넘는 업계 경험으로
이제는 모두가 인정하는 匠人이 되었다.

현재 서울대학교 행정대학원
최고위과정 총동문회장 직함도
손색없는 형님이 되셨으니
어찌 형님을 존경하지 않을 수 없겠는가!
나에게 형님은
늘 말없이 살아내는 사람
책임으로 살아가는 사람이었다.

그리고 이제
늦게나마 나는 형을 새롭게 기억하고 싶다.
윤보영 시인의 글처럼
형님을 떠올리면 따뜻한 커피 한잔이 떠오른다.

힘겨운 날에도 향기를 내어 주고,
어두운 새벽에도 온기를 건네 주는 사람!

오늘 늦었지만 이 글은
형님께 드리는 나의 고백이다.

"형님, 고맙습니다. 존경합니다.
그리고 언제나 사랑합니다."

동생 圭泰 拜上

제2부
열정으로 만난 시

- 전진
- 진행중
- 내가 나에게
- 사람
- 끊임없는 도전
- 감성과 이성 사이
- 바쁠수록 돌아가라
- 이겼다
- 휴일은 사치
- 네트워크
- 네트워크의 가치
- 믿음
- 목표
- 열정
- 선인전자
- 꿈의 완성
- 책 한 권으로 미국을 보다
- 묘수
- 사업은 머리로
- 관계
- 만남
- 리더가 되게 하는 힘
- 자신감
- 나는 묻는다
- 배움
- 아직 가야 할 길이 멀다

전진

내 삶은
늘 전진이었다

초등학교와 중학교 졸업
일하면서 마친 고등학교
공군 기술병 입대

통신장비회사 입사 후
결혼을 했고,
저항공장 인수
반도체 관련 회사 설립
다시 대학과 대학원 진학

끊임없이 이어진 과정 속에
어려움이 참 많았다

그러나 어려움은
혁신과 네트워크로 풀어냈고
그 과정에서 성장하여
지금 이렇게 자랐다.

진행중

내 꿈은
지금도
자라는 중!

내가 나에게

내 가슴에
꿈을 심고
스스로 가꾸었다

그리고 말했다
"고마워!"

사람

사람은 곧
돈을 불러오고
그 돈은
또 다른 사람을 데려왔다

돈과 사람
어느 것이
더 소중한 자산일까?

나는
주저 없이
사람을 선택했다.

끊임없는 도전

사업에는
언제나 어려움이 따랐다

실수를 통해 얻은 노하우로
다음 실수는 해결할 수 있지만

다시 찾아온 어려움은
새로운 해결책을 요구했다

당연히 어려움은 더 커졌고
해결도 더 힘들었다

그러나
신뢰를 바탕으로 한
끊임없는 도전 앞에
극복되었다

그 길 위에
해외 진출을 성공시켰고
국내 반도체 시장 부품을 공급하는
기업 CEO로 우뚝 설 수 있었다.

감성과 이성 사이

"사업은
감성이 아니라
이성이다."

치열한 경쟁에서
이기는 전략은
늘 이성적 판단에서 나왔고
위기를 극복하는 방법도
그것에서 찾았다

이만큼 달려와 보니
차가운 분석과
냉정한 결정이
결국 나를
성공으로 이끌었고
여기까지 오게 했다.

바쁠수록 돌아가라

바쁠수록
돌아가란 말이 있다

용산 선인상가 시절
1억 원짜리 어음이 부도났을 때
거래처를 찾아다니며 설득했고
결국 일 년 연장을 허락받았다

그때 알았다
신뢰와 처신
그리고 위기 앞에 차분함이
답이었다는 것을

그때 배움은
훗날 더 큰 어려움 앞에서도
의연하게 대처하는
힘이 되었다.

이겼다

질투는
사람을 무너뜨리기도 한다

'삼우통신공업'에서
사장 조카라는 이유로
따가운 시선을 받았다

잘해도 친척 덕
더 잘해도 친척 덕

나는 오히려
영업부터 자재
인사에서 무역까지
모든 일을 맡으며 버텼다

결국 편견은
시간과 신뢰가 해결해 주었다
내가 이겼다.

휴일은 사치

결혼을 했지만
휴일은 없었다
일이 곧 삶이었다

가족에게 미안하고
일만 바라보는 자신에게도
늘 미안했다

지금 세월이 지나
돌아보고 알았다
바쁨이
오늘을 있게 했다는 사실

지금 그 바쁨은
가족에게 갚아야 할 사랑,
빚으로 남아 있다.

네트워크

네트워크가 없는 사람은
세상 밖을 모른다
우물 안 개구리일 뿐

사람과 사람
정보와 정보가
보이지 않는 거미줄처럼
정교하게 얽혀 있다

그 힘은
돈보다 더
위대한 재산이었다

돌아보면
내가 구축한 네트워크는
거미조차 감탄할 만큼
치밀했다

나는 지금 이 순간도
쉬지 않고
네트워크를 이어 나간다.

네트워크의 가치

세상을
움직이는 힘!

나에게
그 힘의 시작은
네트워크였다

돈보다 귀하고
재산보다 유용한 것

네트워크가
오늘의 나를 만들었고
성공이란 꽃을 피웠다.

믿음

믿음이 있어야
사람이 산다
그러나
가끔 배신도 만난다

그럴 때마다
나는 냉정했고
극복할 길을 찾았다

그 해답은
언제나 신뢰!
네트워크에 있었다

내가 쌓아온 신뢰
다른 사람에게는 없고
나에게는 있는 것

어쩌면 이게
내 삶의 자산 아닐까?

목표

내가 하는 일에
최고 전문가가 되겠다는 꿈
그 꿈은 목표가 되었고

그 목표 앞
구멍가게 '경일전자공업'은
반도체 유통회사
'선인테크놀로지'로 발전했다

끝내,
노력은
운마저
내 편으로 만들었다.

열정

죽을힘을 다해
죽을 만큼 노력했기에

마침내
나는 해냈다.

선인전자

용산 선인상가에
'선인전자'를 세웠다

처음에는
상가 이름 덕을 톡톡히 봤고
꽤 잘나갔다

꿈은 클수록 좋다
해외 진출을 위해
'선인테크놀로지'
무역회사를 설립했다

전략은 옳았다
넓은 세상을 보는 눈과
내가 할 일을 만났다

마침내
물고기가 큰물을 만났고
성공했다.

꿈의 완성

내게 용산은
꿈이었다

안양은 길목이었고
IT 전자도시
과천 입성은 완성이었다

이제 이곳에서
세계를 펼쳐 놓고
하고 싶은 일
해야 할 일을
마음껏 하면 된다.

책 한 권으로 미국을 보다

'선인트레이딩컴퍼니'
무역회사를 설립하고
무모한 도전이라 했던
미국 진출!

그러나
그 도전에는
충분한 준비가 있었다

대사관에 꽂힌
'토마스 레지스터 북'
그 책에서 소개받은 파트너
'LEVEL ONE'

텔렉스로 찾은 인연
간절하면 이루어진다
1만 개 구매 계약이
100만 개 수입으로 늘어났다

마침내 우리는
그 무모한 도전을
현실로 만들어 냈다.

묘수

기업 운영에서
성공의 묘수는 무엇일까?
신뢰다

국내 통신 사업자에 납품 중이던
미국 IgT 반도체 회사가
캐나다 'PMC Sierra'에 매각되었다

새로운 대리점은
PMC사 한국 대리점이 맡는 게 당연했지만
그 순간, 매각되는
IgT 반도체 대표의 한마디
"한국 대리점은 미스터 박!"

그만큼 서로 간의 신뢰가 두터웠다
그 신뢰 위에 회사를 올려놓고
성공을 불러들였다.

*IgT : 주로 통신망용 반도체(프레이머, ATM 프레이머 등)를 개발하는 미국 팹리스 반도체 회사.

사업은 머리로

"사업은 가슴이 아니라
머리로 하는 거야."

주 거래처 미국 회사가
캐나다 기업에 합병될 때
오너 'KEN LEE'가 남긴 말이다

맞다, 사업은
감정이 아니라
냉철한 판단이 필요하다

그 한마디
지금도 가슴에 담고
실천 중이다

생각해도 맞고
다시 생각해도
맞는 말이다.

관계

나는
믿음으로 관계를 만들고

신뢰로
그 관계를 보듬었다.

만남

"만남이 돈을 줍니까?
오히려 돈만 쓰게 만들지."

그렇습니다
신뢰를 바탕으로 한다 해도
만남에는 돈이 듭니다

그 돈에 대가를 곱해 주겠다며
만남이 내 앞에 왔습니다

왔으니
그 속에서 나를 찾아
곱해야지요

자신감에 곱하고
가능성에 곱하고.

리더가 되게 하는 힘

보통 사람과
성공한 사람의 만남

풀지 못함과
푸는 방법의 만남

실패의 연속과
화려한 성공의 만남

이 만남은
약한 쪽을 포기하게 하지만
나는 네트워크에 담고
깊은 신뢰로 지켰다

새로운 도전 속에서
네트워크의 신뢰는
늘 해법을 주었다

소극적 대응이
적극적 대응으로 바뀌고
저절로 리더가 되게 하는 힘

그 힘이
성공을 만들었다.

자신감

나는 살아 있다

앞에 놓인
해야 할 일
그걸 보면 안다

불끈 쥔 손에
저절로 힘이 들어간다

확인하지 않아도
분명하다.

나는 묻는다

지금까지
내가 보낸 시간

무엇을 위해
가장 많이
쏟았을까?

배움

나는 알았다
사업의 성공은
실력과 경험에서 온다고,
그게 다인 줄 알았다

그러나 늘 따라다닌 건
학력 앞에 편견이었다

나는 정면으로 부딪쳤다
젊은이들과 함께
4년제 대학을 다녔고
석사학위까지 받았다

서울대 등 최고위 과정 12개
그리고 동창회장

마침내
박사학위 과정에 등록하며 알았다
내 꿈은
대한민국을 넘어
세계로 이어져 있다는 사실.

아직 가야 할 길이 멀다

사람들은
나를 보고
성공했다고 말한다

하지만 나는 아직
가야 할 길이 멀다

해 온 일도 많지만
더 큰 성공을 위해
앞으로도 해야 할 일이
태산 같다

나에게 성공은
도착이 아니라
지금도 이어지는
현재진행형.

제3부 : 이야기로 만난 시

아내

지금 생각해도
믿어지지 않는다

어떻게 내가
저 멋진 사람과
결혼할 수 있었을까?

아니,
더 놀라운 건

저토록 멋진 사람이
어떻게 내 미래를 알고
나와 함께 살겠다고
결심했을까!

가능성

성공은
학력에서 얻을 수도 있고
배경에서 비롯될 수도 있다

그러나 나는 성공을
만남에서 찾았다

서울대학교 등
최고위 과정에서 얻은 지식
수업 뒤에 이어지는 대화
파트별 토의
커피를 마시며 나눈 이야기

그 자리마다
찾지 못한 답이 있었고
그 답은 웃으면서
내 가능성에 손을 내밀었다

그 순간
지금까지 보지 못한
새로운 나를 만났다.

소중한 선물

대학 수능을 준비하는 시간
취업 준비로 보낸 대학 4년

그런 과정 없이
늦은 나이에 얻어야 하는 지식은
시간이 더 걸리고
끝도 안 보일 수 있다

하지만 나는
멈추지 않았다

배움 도중에 만난 목적지
모두가 우러러보는
우주를 만났다

이 또한 관계 속에서 얻은 지식
그 과정이 내게 준
소중한 선물이다.

존재

"나는 누구일까?"

지난날을 펼쳐보며 알았다

모든 질문은

여기서부터 비롯되었다는 사실!

답

성공한 사람의 1분은
보통 사람의 10시간보다
더 강하다

그 1분에
10년이 넘는
긴 노력이 담겼다

그 노력
돈을 들이지 않고
배움으로 얻어
경영에 활용했다

그때, 내 미래가
꿈틀댔다

"그래, 이거다."

비상대책위원회

코로나 상황
서울대 AIC 동창회 복원을 위해
비상대책위원회 위원장을 맡았다

힘은 없고
돈은 더 없었지만
이겨 낼 저력과
투자할 네트워크가 있었다

온라인 세미나와 소규모 모임
명사 초청 강연에
끊임없는 만남
마침내 6,500만 원 기금까지 조성했다
동창들이 하나둘 돌아왔다

이 또한
사람과의 만남
네트워크의 승리였다.

포기했다면?

수입 중인
'LEVEL ONE' 제품이
열악한 국내 통신 환경으로
계약이 취소되었다
암담했다

독일 '산호세'계측기 수입으로
겨우 위기를 넘겼지만
내부 직원의 독립으로
또다시 위기를 맞았다

그때 네트워크가 나를 살렸다
IgT사 반도체 제품을 소개하고
국내 통신사에 중계 성공!

만일 위기에 굴복하고
포기했다면
오늘의 나는 없다
지금의 우리도 없다.

나의 가치

나를
나에게 판다면
얼마를 받을까?

눈을 감았다
뜨는 순간

한국은행이
내 앞에서
고개를 조아렸다.

변화와 적응

시간은 흐르고
세상은 빠르게 변한다

그 변화에
적응하지 못하면
추락한다
그래서 나는 변해야 했다

그 과정에서
내 웃음까지도
바꾸었다.

질문

'내 가능성의
끝은 어딜까?'

돌고
돌다
돌아온
질문은

결국
내일을 향해
노력하고 있는
나에게 돌아왔다

"끝은
어디지?"

나는 부자다

내가 가진 건
무엇일까?

돌아보면
돈도 아니고
땅도 아니었다

탄광촌을 떠날 때
빈손이었지만
미래를 향한 꿈이 있었다

거기에다
살면서 쌓아 온
네트워크 속 사람들
그게 전부였다

그들이 곧
내 자산이었다

그래서 나는
앞만 보고 달릴 수 있었고
성공도 따라왔다

부자 순위가
하루아침에 바뀌는 시대
나는 여전히 부자다.

용기

군 생활은
나를 더 단단하게 키웠다

없는 것을
있게 만드는
가능성을 가르쳤다

그 가능성이
이메일 하나로
이역만리 미국 사업 파트너를 찾는
용기로 이어졌다

그 용기가
오늘의 나로
성장시켰고
새로운 나를 볼 수 있게 만들었다

그리고 지금
그 모든 시간에 답하듯
스스로에게 외친다
"경례!"

장학금

가정형편으로
공부를 포기하는 사람이 있다

나도 그랬다
동생들을 위해
내 꿈을 접어야 했다

받아들일 수밖에 없는
무거운 짐
그래서 그 마음 잘 안다

나는 모교에
장학금을 지원했고
후배들을 회사에 취업시켰다

그들이 회사 발전에
날개를 달았다.

의미 있는 기부

나에게도
현금으로
선물을 주었다

주머니에 넣어도
쓸 곳이 없다

차라리
회사를 키우고
후배들에게 장학금을 주고
의미 있는 곳에 기부를 하자

받고 보니
하던 대로 하는 것
이게 선물이었다
난 지금이 좋다.

얼굴

석사학위 안에는
얼굴이 있다

아버지의 자랑스러워하시는 미소
어머니의 따뜻한 손길
아내의 믿음직스러워하는 눈빛
자녀들의 엄지척

그 앞에
열심히 노력한
내 얼굴이 있다

"박규홍, 고마워!"

나에 대해

늘 나를 따라다닌 건
학력이었고
내 어깨를 누른 건
명문대가 아니란 사실이었다

그러나 그 벽은
스스로 세운 것이었다
사실 나는
종이 한 장 너머에 있었는데

산은 터널을 뚫으면 가고
강도 다리를 놓으면 건너는데
그 터널과
다리를 놓는 힘
네트워크가 있는데

이제 알았다
강한 나를
늦었지만 알아보았다.

공간

나에겐
빈 공간이 없다

해야 할 일이
빈자리를 허락하지 않는다

나무를 심고
꽃을 심고
나보다
'우리'로 꽃밭을 만든다

다행이다.

비타민

비타민을 받았다

해야 할 일과
회사 직원들
자녀들이 비타민인데

눈을 감았다
내 안에서
비타민이 보인다

고맙다
그리고
사랑한다.

미소

내
미소의 가치는
얼마나 될까요?

계산 안 될 텐데…

내 미소 앞에
사람들이
꽃을 피운다는 사실,
그게 가치라서.

큰손

큰손이라 하면
돈을 크게 쓰는 사람이다

그러나
내 큰손은 다르다
네트워크 속 사람들!

그들은 나를 보고
조언을 했고
아이디어를 나누었다

나는 그들에게
신뢰와 사랑을 건넸다

세상의 큰손은
이익이 없으면 손을 뗐지만

나의 큰손은
사랑이 멈추지 않는 한
떠나지 않았다

그래서
나는 부자다
진짜 부자다.

흔적

나는
부지런히 살았다

그럼,
죽은 뒤
무엇을 남길 수 있을까?

필드

골프를 칠 때
두 개의 필드를 만난다

하나는
잔디 위로 공을 날리는 필드

또 하나는
관계 속에 신뢰를 쌓는 필드

공은, 그린을
떠나면 사라지지만

신뢰는
그린을 떠나도 곁에 머문다

굿샷!

인맥

세상에는
수많은 맥이 흐른다

지맥, 수맥, 산맥, 혈맥
인맥, 정맥, 학맥, 사상맥
문화맵, 광맥, 금맥, 예맥…

흐름의 줄기
자원과 관계의 선들

그러나
가장 빛나는 맥은
인맥!

모든 맥이
인맥을 향해
엄지척!

지름길

살아오며
나는 수없이 물었다

"예스일까, 노일까?"

돌아보니
내 대답은
'예스' 쪽이 많았다

신중히 바라보고
조심스레 내린 예스가
늘
내일로 향하는
지름길이 되었다

그 지름길에
오늘의 내가 서 있다.

사랑

나는
'사랑'
이 말을 좋아한다

가족 사랑
아내 사랑
회사 사랑
직원 사랑
친구 사랑
……

어떤 말이든
이 단어를 붙이면
웃음까지 데리고 와
내 편 되어 주는
'사랑'
너!

떠오르는 빛

친구들은
가끔, 석양을
자신에 비유한다

나이 들어 보니
그 마음 알 것 같다

나도 석양이다
그러나 나는
내일 아침을 준비하는 석양이다

창밖, 관악산 산마루에
붉게 물든 석양이
박사과정을 시작한 나를 향해
조용히 속삭인다

"너는 지는 빛이 아니라
떠오르는 빛이야!"

시계 같은 사람

사람들은
나를 보고
시계 같은 사람이라 한다

그럴 만도 하다
일정이 하나라면
여유 부릴 수 있겠지만

하루에도 여러 번
일정이 이어지니
미리 생각하고
미리 준비하고
미리 행동해야 한다

그러고 보니
시간을 잘 지키는 나에게
시계 같다고 말할 만하다.

제4부

느낌으로 만난 시

중요한 것

누군가 내 앞에
가방을 내밀며
단 하나만 담으라 한다면
돈을 담겠다

돈은
또 다른 돈을 데리고 온다

솔직하다 하겠지만
정작 중요한 것은
그 돈을 어떻게 쓸까다

지금의 나처럼
바르게만 사용하면 된다.

골프와 건강

나에게
가장 큰 재산은
건강한 몸이다

그러나 가끔
바쁜 생각을
몸이 따라가지 못해
과부하가 걸리기도 한다

그러니 내가
운동도 하면서
일할 수 있는
골프를 즐길 수밖에.

진실

무엇이든지
마음먹고
노력하니

다
되더라.

'화'를 빼면

화가 나
열 받은 사람
상담하면서 깨달았다

'화'만
빼면 된다.

돈이 좋아하는 것

사람은
돈을 좋아하지만
돈은
미소를 좋아한다

억지로 지은 웃음
무시하는 웃음
엉뚱한 웃음보다
저절로 번지는
빙그레 웃음을 좋아한다

억지웃음은
돈이 다가왔다가도
잠시 머물다 떠나지만
빙그레 웃음 앞에서는
머물 곳부터 찾는다.

나를 따라다니는 수식어

돈을 빌리는 걸 대부라 하고
한 분야에 으뜸인 사람도
대부라 부른다

나에게는
'반도체 유통계 대부'라는
수식어가 따라다닌다

반도체 초창기
회사를 세운 사람들은
2세에게 물려주고
하나둘 자리를 떠났지만

이른 나이에 시작한 나는
국내 굴지 기업에
반도체 부품을 납품하며
지금도 왕성하게
사업을 이어가고 있다

그러니 내가 생각해도
대부라 불릴 만하다.

저절로 미소

40년 동안 연습해서
익숙해진
'저절로 미소'

내 미소 앞에
자유로울 사람
거의 없다.

'미래'라는 금고

'성공'
이 귀한 걸
어디에 보관할까?

사무실 금고에 넣자니
꺼내기 불편하고

내 안에 넣자니
너무 무거울 것 같고

망설이다
내 앞에 놓인 금고
'미래'에 넣었다

그 순간
금고에 날개가 달리고
마음까지 가볍다.

바쁘니까

우연히
책상 위에 놓인
달력과 눈이 마주쳤다

지나간 일정
다시 보내야 할 일정
촘촘한 스케줄에
지쳐 보였다

미안한 마음
눈치를 챘는지
휴대폰이 나섰다

“미안, 내가 일정을 많이 잡았지?
가리고 가려서 잡은 거니까
우리가 이해하자.”

내 인생은

도박이었다

진실에

올인한.

버튼

나쁜 생각과
좋은 생각

돌아보면
언제나
좋은 생각이 이겼다

가끔
나쁜 생각이
앞서기도 했지만

곧
좋은 생각이
자리를 되찾는다

그걸 알기에
나는 오늘도
주저 없이
좋은 생각 쪽
버튼을 누른다.

나는 잘 웃는다

한때는 우울했고
즐거움을 모르고 있었는데
어떻게 웃으며 지냈을까?

돌아보니
서울에 갓 올라와
수위실에서 잠을 자던
그때부터였다

잘 곳을 내어 준
직원들이 고마워
웃음으로 보답할 수밖에 없었다

그게 습관이 되어
지금은 속상해도 웃는다

웃으니까
해결 방법도
웃으면서 다가왔다.

벽

누구에게나
벽은 있다

그 벽을
포기하느냐
넘어서느냐
그 차이일 뿐

나는
벽을 만날 때마다
결코 포기하지 않았다

돌아가기도 하고
넘어가기도 하고
때로는 다시 쌓을 마음으로
넘어뜨리기도 했다

그러다
지금은 내 앞의
벽을 아예 없애고
네트워크를 펼쳤다

누구든지
들어와 앉았다 갈 수 있게
의자까지 놓았다.

예감

TV를 켰다가
깜짝 놀랐다
뉴스나 드라마가
나와야 하는데
거래처 대표님 얼굴이
화면에 비쳤다

리모컨을 누른다는 게
오늘 있었던 미팅
그 기대감을 누른 걸까?

그래도
어쩐지 잘 될 것 같은
예감!

고민을 삽니다

성공한 사람이 가진 고민은
더 무거울 수 있다

“그럼,
돈이 된다면
그 고민도 살 거야?”

누군가 물었다

“당연히 산다.
고민이 있으면
해결 방법도 있기에.”

그 방법 찾아내
해결해 낼
자신도 있다.

그래도 외롭다

앞만 보고 달리다
돌아보니
내가 한 건 일뿐이다

그래서일까?
거울 속 내 얼굴이
가끔 외로워 보인다

사실
외롭기도 하다

평생 일만 해 온 나도
사람이니까
외로울 수밖에 없다.

손수건

주머니 속 손수건은
흘린 땀을 닦고
피곤함을 지우고

내 마음속 신뢰는
만나는 이들의
고민을 해결해 준다

나도 누군가에게
꼭 필요한
손수건이 되고 싶어
먼저
마음부터 닦는다.

얼굴

전등이 나가면
촛불을 켜야 하지만

내 일상에
불빛이 사라진다면
직원들
웃는 얼굴을 꺼내겠다

언제나 그랬듯
"힘내, 힘내!"
응원해 주던
그 얼굴을.

행복한 질문

지식의 끝은
어딜까?

나도 모른다
그래서 달린다

알고 싶어서
달리고 있는 지금

내 삶은
여전히
물음표다.

회상

과거는
두 가지 길이 있다

돌아가고 싶은 길
돌아가고 싶지 않은 길

단지 몇 글자 차이지만
부산을 열 번 오가도
닿지 못할 거리

나는,
멀어도 돌아가고 싶은
과거를 택했다

돌아가도
커피 한잔 들고
웃으며 다녀올 수 있는
자신 있는 과거.

박규홍
대표이사
약력

박규홍 대표이사

현재 ㈜에스아이티테크놀로지 대표이사

한림대학교 대학원 행정학과 박사과정(2025. 3~)
한국공학대학교 대학원 전자공학 석사졸업(2004)
건양대학교 정보전산학과 졸업(2002)
서울대 행정대학원 방송통신정책과정 수료(AIC 11기)
서울대 행정대학원 국가정책과정 수료(ACAD 53기)
서울대 공과대학 산업전략최고위과정 수료(AIP 27기)
고려대 경영대학원 최고경영자과정 수료(AMP 45기)
서울대 공과대학 최고산업전략과정 수료(AIP27기)

이전 경력 생략
2019 ~ 현재 수원지방법원 안양지원 조정위원
2020 ~ 현재 경기도 안양시 동안구 선거관리위원회 위원
2021 ~ 현재 반도체공학회 부회장
2020 ~ 현재 사)정보통신방송정책포럼 회장
2020 ~ 현재 서울대 행정대학원 방송통신정책과정(AIC) 총동창회 회장
2023 ~ 현재 법무부 안양보호관찰소 특별보호관찰위원
2023 ~ 현재 안양시 민주평화통일자문회의 위원

1988. 2. 우수경영자 표창장(한국전자공업협동조합 이사장)
2000. 2. 전자공업발전 유공 표창장(중소기업청장)
2000. 2. 중소기업인 기술상(중소기업청장)
2001. 3. 벤처산업발전 표창장(경기도지사)
2002. 3. 경기벤처기업 경영혁신부분 대상(중소기업청장)
2021. 9. IT기술 대상(한국구매조달학회)

커피시인 윤보영이 만난 박규홍 대표이사

꿈을 경영한 사람